KB270020

윤필수 지음

버 들
미디어

머리말

스도쿠의 유래

스도쿠는 과연 무엇인가? 스도쿠는 18세기 스위스의 수학자 레온하르트 오일러가 만든 '마술 사각형' (magic Square)을 1980년대 일본의 한 퍼즐 회사가 본격적으로 게임화한 것을 말한다. 스도쿠는 숫자를 이용해 논리력을 테스트하기 위해 고안된 게임이다. 본어인 스도쿠는 숫자(number)를 뜻하는 스(數, su)와 혼자(single)를 뜻하는 스도쿠(獨,, doku)를 조합한 단어로 쉬운 말로 풀이하면 '한자리 수' 정도로 이해할 수 있다.

스도쿠란 게임은?

게임방법은 간단하다. 가로와 세로, 정사각형, 네모 상자에 각 줄에 겹치지 않게 수를 넣어 맞추는 게임이다.

수를 활용한 이 게임은 논리적으로 풀어낼 수 있는 게임으로 복잡한 수학적인 계산은 전혀 할 필요가 없다.

수학만 생각하면 머리부터 아프다고 생각하는 사람도 쉽게 풀 수 있는 게임이니 전혀 겁먹거나 두려워 할 필요가 없다. 스도쿠에서 숫자는 단순히 문제를 푸는데 쓰이는 수단일 뿐이다

남녀 노소 나이를 막론하고 누구나 쉽게 도전 할 수 있는 지능형 게임이다. 스도쿠를 풀다보면 자신도 모르는 사이에 논리력과 창의력이 발달되며 사고를 집중해서 풀기 때문에 자연스럽게 집중력 향상까지 여러 가지 방면으로 두뇌가 발달되는 게임이고 난이도에 따라 점차적으로 두뇌 발달을 할 수 있어 아주 매력적인 지능형 게임이다

스도쿠의 종류는 9×9 뿐만 아니라 6×6에서 8×8 9×9 10×10 12×12 14×14 15×15 16×16까지 종류가 다양하다. 본 책의 시리즈에서는 9×9 뿐만 아니라 다양한 종류의 스도쿠를 풀어 두뇌 발달을 해보자.

윤필수

스도쿠 푸는 방법

문제를 푸는 방법은 간단하다. 숫자가 없는 자리에 숫자를 채워 넣는 것이다. 따라서 공백이 많은 스도쿠가 난이도가 높은 문제라고 보면 된다. 문제를 푸는 원칙은 다음과 같다.

숫자가 많이 열려 있는 초급 문제의 경우에는 누구든 어렵지 않게 풀 수 있을 것이다. 그러나 중급 이후부터는 시간도 많이 걸리고 풀기도 만만치 않다. 그러나 처음부터 겁먹을 필요는 없다. 단계를 순조롭게 넘어서 중급, 고급도 그다지 어렵지 않게 풀 수 있을 것이다. 그럼 아래 문제를 예로 들어 문제를 푸는 요령에 대해 알아보자.

숫자가 많지도 않고 하나의 작은 사각형이나 가로 줄, 세로 줄만 봐서는 답이 쉽게 나오지 않는다. 이럴 때는 가장 많이 열려 있는 숫자를 찾으면 된다.

1) 가장 많이 보이는 숫자를 공략하라

2) 가장 많이 채워진 가로, 세로 줄을 공략하라

3) 하나로 접촉되는 답을 공략하라

4) 채워진 숫자들을 공략하라

중요한 것은 무조건 한 가지 방법으로 해결하려고 하기 보다는 여러 가지 방법을 다양하게 그때그때 활용해야한다. 정답은 하나뿐이다.

그림으로 설명

1)가로줄에 1에서 6까지의 숫자가 한 번씩 들어간다.

2)세로줄에 1에서 6까지의 숫자가 한 번씩 들어간다.

3)작은 사각형 안에 1에서 6까지의 숫자가 한 번씩 들어간다.

4	1	3	2	5	6

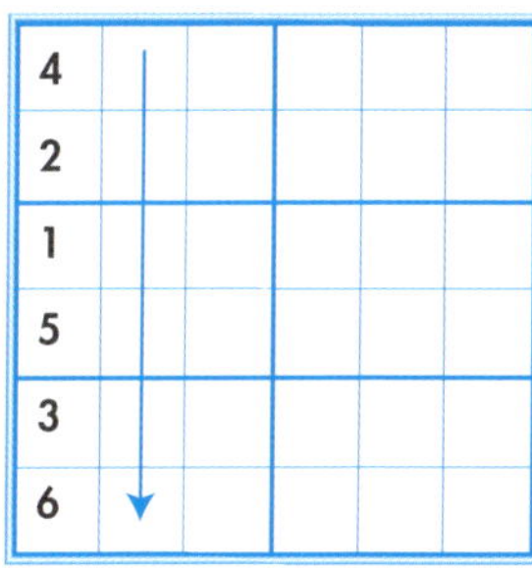

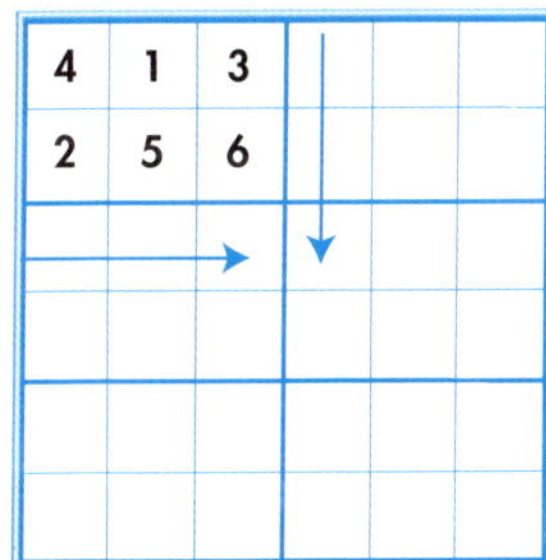

SUDOKU

SUDOKU

초급

1 Question

	1		5		6
4	6		1		
	2	3		6	5
		6	3	1	
2					4
	5				

DATE		TIME	

Question 2

1		4	5	3	
	5		2		4
	1	2		5	
			1	4	
6	3			2	5
		5	3		

DATE		TIME	

SUDOKU 초급

3 Question

2	3				6
	4	6	2		3
1		3	5		
	6		1	3	
3		2		4	5
	5				1

DATE TIME

Question 4

3			4	5	
	5			1	3
2		5	1		4
	4	1		2	
1	6				2
		4		3	

DATE TIME

SUDOKU 초급

5 Question

4		2		3	
			4		5
	3	1	5	6	
5		6		1	3
	2		6	5	
6		5			2

DATE　　　　　TIME

Question 6

5			3		
	4		5		2
2		1	4	6	
	6	5		2	
	2	3			4
		4			1

DATE TIME

7 Question

6		2		3	
	1	5	6		
2			3		4
	3	4		1	6
1		6		2	
	2		5		1

DATE | TIME

Question **8**

	1		3		
5	4			2	
	2	4	6		5
6	3			1	
		1	2		3
	6			4	1

DATE TIME

SUDOKU
초급

9 Question

	2		3		6
3		6			4
	1		6	2	
		2		4	
	3	5	4	6	
			5	3	

DATE		TIME	

Question 10

	3	1	2	4	
		6		1	3
	2		3		5
		3	1	2	
4		5		3	2
					1

DATE TIME

SUDOKU 초급

11 Question

	4		2		
2		6	3	1	
			6		5
5		4		3	2
6	3				
	2	1	5	6	

DATE | TIME

SUDOKU
초급

Question 12

	5		3		6
	3			5	
2		3	6		5
	4			2	3
1	6	5	4	3	
		4			1

DATE		TIME	

SUDOKU

초급

13 Question

	6			3	
		5		4	
	4		6		
		3	4	2	1
1	3		5		
		6			

DATE		TIME	

SUDOKU
초급

Question **14**

3		2		6	
1		6		2	5
			2	5	
	6	5		1	
5		1	6	4	
	2				1

DATE | TIME

15 Question

4	1		2		
	5			3	4
		1		6	
6	2		5		3
1		2	3	4	
	4	5		2	

DATE | TIME

Question **16**

		2	3		
	4			5	2
		1	2	6	
	6	5		1	
1	5	3			
6			5		1

DATE TIME

SUDOKU
초급

17 Question

5			3		
		6	1		
	4	5	2		3
2				1	5
3		1	6		4
	2	4			1

DATE | TIME

Question 18

6				3	
	5		1		6
5	2	4		6	
1		6		4	
	4	1			
	6		4	1	2

DATE TIME

SUDOKU
초급

19 Question

			3	5	
		6		1	4
2	3		6		5
	4		1	2	
4	1	3		6	
			4		1

DATE		TIME	

Question **20**

			6		
	5	6		2	
2		1	5	4	
	6	5			3
		2	3	5	
	1			6	2

DATE | TIME

SUDOKU

초급

21 Question

		3		5	
		6	2		1
3	2	4			
	5		3		4
4		2	5	1	
		5		4	

DATE | TIME

Question **22**

4		2		3	
	5		1		4
	3	1		6	
5		4	2		
	4	3	6		2
			3		

DATE		TIME	

SUDOKU
초급

23 Question

		2		3	
4			1	2	5
	1	6	5		2
5		4		6	
2	3		6	5	
	4	5			

DATE | TIME

Question 24

1		2		5	
	4	6		3	2
4		3	2		5
	6			1	
3		4		2	1
	2		5		

DATE | TIME

25 Question

2			4		
	4	6		2	1
	2	1	3		4
4		3		1	5
1	3		6		2
		2			

DATE | TIME

Question 26

3	1			5	
		6	1	2	
	3	1		6	
2		5		1	4
1	5		6		2
		3			1

DATE | TIME

27 Question

4	1			5	
	3	6		2	
	5	1		4	
	6		5		3
1		3	4		5
		5		3	

DATE | TIME

SUDOKU
초급

Question 28

5					
		6		2	5
4		1	2		3
	3		4		
1		3		4	
	2	4		3	1

DATE		TIME	

29 Question

6			4		
		5		1	
4	5		2		6
3	2	6		5	
	3		5	6	2
		2		4	

DATE | TIME

SUDOKU
초급

Question **30**

1	2		6		
			1		
2			3		
3	6			4	2
	3	4		6	1
		2	4		

DATE | TIME

SUDOKU
초급

31 Question

2					
4		3	1		5
	4	2		6	
6		5	2	1	
	1		6		2
	2	6		3	

DATE		TIME	

Question **32**

3	2		4		
	5			1	
5	3	2			4
	6		3		5
		5		3	1
		3	5	4	

DATE | TIME

SUDOKU 초급

33 Question

4		1		6	
5			2		1
	4	2		1	6
	6	5	4		
	1			5	
6		4		3	2

DATE		TIME	

Question 34

5	2			4	
	3	6	1		
1	4			6	
		5		2	1
2	1		6	3	
		3			4

DATE		TIME	

35 Question

6	2		3		
		5		1	
4		2	1	6	
	3			5	
2	6		5		
		3	6		4

DATE		TIME	

Question 36

1	3			4	
		6		2	
5		3	2		6
	6		5	3	
	1	4		5	
3	2				1

DATE TIME

37 Question

2	3		5		
		6		1	3
5		3			6
	6		3	2	
	4	2		5	
6	1			3	2

DATE | TIME

Question 38

	1		4	5	
		6		2	3
	2	3	5		
	6			1	2
2		1		4	5
	5		2		

DATE | TIME

SUDOKU
초급

39 Question

4		1		2	
			3		1
	4	3		1	5
1		5	4		
	1		2	5	3
	5	2			

DATE | TIME

Question 40

5	3		2		6
		6			3
	5	3	6		4
2			3	1	
3	1	5			2
	4		5	3	

DATE TIME

SUDOKU 초급

41 Question

6	3		2		
		5		1	
	5	3	1		
	2	6		5	3
			5		
	1	2	6		4

DATE		TIME	

Question **42**

1	4		2		
		3	1	5	
3		4			5
	6		3	4	
2		1			3
4		6		1	

DATE		TIME	

SUDOKU 초급

43 Question

2		1		6	
	3	6			4
3		4		1	
	6		2		3
4		2		3	1
6	1			5	

DATE		TIME	

Question 44

3		1			6
5			3	4	1
	3	4		1	
	1			2	3
	2		5		4
		6	1		

DATE		TIME	

SUDOKU 초급

45 Question

4			3		6
	6			4	
	5	6		3	1
		3		6	5
5	3				
		4	5	1	

DATE		TIME	

Question 46

5		2			
3		6		2	1
	2		4		5
4		1	2		
1				5	
	6	5	1		4

DATE TIME

SUDOKU
초급

47 Question

6			3		
3		5		6	
	2	3	4		6
4				1	
2		1	5		4
		4		2	1

DATE | TIME

SUDOKU
초급

Question 48

1		6			
	3				2
6			5	1	
5	1	3	6		
2	5			3	6
		4	2		1

DATE		TIME	

49 Question

2		3		5	
4		6			3
	4		5	6	
		1	3		4
1	2		6	3	
	3	5		4	

DATE		TIME	

Question **50**

3	2		4		
		5	1	2	3
1	3		5	6	
	4		3		2
2		4		3	
	5			4	

DATE		TIME	

51 Question

4		2		5	
3			4		1
	2	3		1	4
5		1			3
	3		6	4	
2				3	

DATE		TIME	

Question 52

5			2		
	4		1	3	
6		1	4		
	3		6		1
1	5	4		6	
		2		1	4

DATE		TIME	

SUDOKU 초급

53 Question

6			3		5
	5	3		4	
5		6			2
	3	2	5	6	
1			6		3
	6				4

DATE | TIME

Question 54

	3		5		6
		6		3	4
	1		4		
	6	2	1		
5				2	1
		1		4	5

DATE | TIME

SUDOKU

초급

55 Question

	4	5			6
2	1		4		5
		2		6	
	6	3	1	5	
5				4	3
	3		5		

DATE TIME

Question 56

	5	2	3		
3				1	
	1	3	6		2
	6	5			4
5	2			6	3
6					1

DATE		TIME	

57 Question

	1		4		6
4		5		1	3
			6		5
3	5			2	4
	3		5	4	
		2	3		

DATE | TIME

Question 58

	4				
5		3		2	
		4	1		3
3	5	1	6		
	3		5	6	4
4	6			3	1

DATE		TIME	

59 Question

		3	2	1	
6	2		4		
2	3		1		4
	6			5	
5		2	6		
		6		2	1

DATE | TIME

SUDOKU 초급

Question 60

		5	4	1	
1	4			2	
5		2			4
		4	1		2
4	2	1			3
	5		2	4	

DATE | TIME

SUDOKU
초급

61 Question

	1	3		5	
2	5			1	4
		5		6	
		4	1		
5	3		6		2
			5	3	1

DATE TIME

SUDOKU
초급

Question 62

		5		4	6
3			2		1
		2		6	
	6		1		
5		1		3	4
6	3	4		1	

DATE		TIME	

SUDOKU
초급

63 Question

		5	6		3
4		6		1	5
1		3	4		
	6			3	2
6		1	3		
3				6	

DATE | TIME

SUDOKU
초급

Question 64

1	3	4		2	
	5		1		4
4		3	2	6	
	6	2		1	3
6		5	3		1
			6		

DATE		TIME	

65 Question

	5				6
		6	1	2	
	1	2	3		4
4			2		1
1	2			4	3
			5	1	

DATE | TIME

Question 66

			5	2	
		5		4	3
5		1		6	
3		6	2		
4	1		6	5	
	5	2	4		

DATE TIME

67 Question

	3		6		5
		6	4		2
	2		3	4	
	1			5	6
5		3		2	4
		1			

DATE		TIME	

Question **68**

	3		4	5	
4			1	2	3
5		6		1	
3		1	2		5
	5		6		1
	1	4			

DATE		TIME	

SUDOKU 초급

69 Question

	4		5	1	
				3	
6			3		5
4	3	5	2		
3	1	2			4
	6		1	2	

DATE TIME

Question **70**

	1		5		6
	6	4		3	
	3		4	2	5
4		2	3		
	2		6	5	4
		5		1	

DATE | TIME

SUDOKU
초급

71 Question

			5		
	5	4		1	
2		3		6	5
	6		3		1
5		1		4	2
6		2	1		

DATE | TIME

Question **72**

	3				
		6		3	
3	1		5		4
	6		3		2
4		3	6		1
	5	1	2		

DATE		TIME	

73 Question

	2		6		
		5		2	
4		1	2		6
	5		3	1	4
3	1	4			
	6		4	3	

DATE		TIME	

Question 74

	2		5	3	
	6				4
5		3	2		
	1			4	5
6	5	2		1	
4		1		5	

DATE		TIME	

SUDOKU
초급

75 Question

	2		6		
5	3			2	
6		3			1
		5	3	4	
	5		4	6	3
3			5		2

DATE | TIME

Question 76

	3		4		6
		6		1	3
	4		6		
1		2		4	5
5	2	3		6	
	1				

DATE | TIME

SUDOKU 초급

77 Question

	1		6		
5		6			
6		3	2		1
2			3	5	
3	2				4
		4	5	2	3

DATE		TIME	

Question 78

	1	4			
5			2		
	6		3	4	5
3		5			1
		3	1		2
	2	1		5	3

DATE		TIME	

SUDOKU
초급

79 Question

2		4		6	
	5		2	1	4
	6	1		2	5
4				3	
5		2	1		6
		6			

DATE | TIME

SUDOKU 초급

Question **80**

2	4		3		
	5	6		1	4
1			6		5
	6			2	
4	3		1		2
		2			3

DATE		TIME	

SUDOKU
초급

81 Question

2	5		3		
3		4		1	2
	2		4		5
6				3	1
	3	6		2	
		2		5	

DATE | TIME

Question **82**

		2	5		
	5		1		3
5	2			6	
	6		3	5	
6		5		1	4
		1	6		5

DATE		TIME	

83 Question

1	2	4		5	
	5		1	2	4
	4	3		1	
2		1			5
	1	5	2	6	
6					

DATE TIME

Question 84

		3			1
5	1	6		2	
			6	3	4
3		4		5	
		1	2		5
	2		3		6

DATE | TIME

SUDOKU 초급

85 Question

1				5	
6		4		1	2
	3	2			
			5		3
	6	1		4	5
	4		6	3	

DATE TIME

Question **86**

		3	4		
4	5	6		2	
	4		5		2
5				1	4
6	1		2		
		5	6		1

DATE		TIME	

87 Question

		4		6	
3	6		1		4
2		1		3	6
	5		4		
	1		2	5	3
		2		4	1

DATE TIME

SUDOKU 초급

Question 88

	1			5	
4		6		1	3
	6	2	1		
1				3	2
	2		3		4
6		4	5		1

DATE TIME

SUDOKU 초급

89 Question

	2		4		5
4			1		
6	5	1			3
	4			6	1
5		2	3		
			6	5	2

DATE　　　TIME

SUDOKU
초급

Question 90

		4			
	5		1		3
5		2		3	
3	6			2	5
	1	5	3		2
		3			4

DATE TIME

SUDOKU 초급

91 Question

	3		6		5
			1	3	
	5	1	4		3
4			2		1
6		5		2	
	2	4		1	

DATE | TIME

SUDOKU
초급

Question **92**

				5	
4		6		2	3
				3	
5		3	6		4
2	1		3		5
	6	5		4	1

DATE		TIME	

93 Question

			2		
4	2	6		3	
	1			5	3
6		3		1	
	4		3	6	1
	6	1			4

DATE | TIME

SUDOKU
초급

Question **94**

	1				6
4		6	2		3
	4	2		5	
1				2	
5	3		4		2
		4		3	5

DATE TIME

95 Question

		3		4	
	5		1	3	
				6	
2	6		5		3
		5	4	2	6
6	4	2			1

DATE		TIME	

Question **96**

				4	6
	5	6			
2	4			6	5
		5	2		
6	1	3		5	
5		4		3	1

DATE | TIME

97 Question

		3			
	5			2	3
	6			4	
	3	5	2		6
3				5	2
5	4	2			1

DATE | TIME

Question **98**

				4	
		6	1		5
	6			2	4
5	2		3		1
6	1		4		3
	5	3	6		

DATE		TIME	

99 Question

	3			4	
		4	3	1	6
3	1				
	4	5		2	
5		1	4		2
4		3		5	

DATE | TIME

Question **100**

		4			
	5	6	1		4
	3			6	1
1		2		3	
	2		5	4	
		3		1	2

DATE | TIME

101 Question

	2				
1			3	2	
	6		2		1
2		4		3	
	4	2	5		3
	3	1		6	2

DATE | TIME

SUDOKU
초급

Question 102

	3		4		
	5			2	
		5	3	6	1
3	6	1	2		
		4	5	3	
5	2				4

DATE | TIME

103 Question

	3			5	6
	5	6		1	
			4		3
4	6		1		
		2	5		1
3	1		6		2

DATE		TIME	

SUDOKU 초급

Question 104

1	2				
	5	6		2	
	4		6		5
5		3			1
4		2			3
	3	5		1	2

DATE TIME

105 Question

1		2			
4		6		1	3
	1	3			5
6	4			3	
	2		5	6	4
		4		2	

DATE		TIME	

Question **106**

	1			5	
	5		2		4
4		5		6	
1	6		4		5
	3		6		2
6		2			1

DATE		TIME	

107 Question

		4			
3			2		4
	3		1	6	2
2		1	4		
	1		6		3
	4	3			1

DATE | TIME

SUDOKU
초급

Question **108**

		4			6
2	5		3		
	2			6	
3		1		2	5
	1		6	4	
	4	2		3	

DATE		TIME	

109 Question

			3		5
2	5		1		
5		2	4		3
4				5	
	2			1	4
6		1	5	3	

DATE | TIME

SUDOKU 초급

Question 110

	3		2	4	
2	4	6		3	
	1		5		4
5		4	3		2
			6		3
		3		2	1

DATE | TIME

111 Question

1			3	5	
3		5		1	4
	4		5		3
6		3	1	4	
			6	3	
	3	6			1

DATE | TIME

Question 112

	3		5		6
	6		2	3	
4		1			5
	5	6	4		1
5					3
	4		1	5	

DATE TIME

113 Question

	5	4			
	3	6			5
	4		3		1
6			5	2	
4	2			5	3
		5	1	4	

DATE | TIME

SUDOKU
초급

Question 114

		4	3	1	
3		6			5
	4		2		1
1	2				4
	3		6	5	
		2	1		3

DATE | TIME

115 Question

		2			5
	5	4	2		3
4		1	5	2	
2	6			4	1
	2				4
	4	6	1		

DATE | TIME

Question 116

		4		1	5
1		6	3		4
	4			3	
3		2	5	4	
	1				2
4		5	1		3

DATE TIME

117 Question

2			4	5	6
	5		3	1	
	3	1			4
4	2		5		1
				2	
	6				5

DATE | TIME

Question 118

	1	3		4	
6	5			1	3
		1			5
		6	4	3	
1		2			4
4			1	6	

DATE | TIME

119 Question

	3			4	
		6			
1	2			6	5
6	4			2	1
		2	6		4
5	6		1	3	

DATE		TIME	

Question 120

		4		6	2
	2	6	3		1
6					
	3	2	6		4
	5			3	6
		3	2	1	

DATE TIME

121 Question

			6	5	
	5				4
		3		2	6
2	1		5		3
3		1		6	
4		5	2		1

DATE TIME

Question 122

	2		5	4	
	5	6		2	3
					5
3		5		6	
	4		6	3	
6	3	1			4

DATE		TIME	

123 Question

	2				6
5			1	3	2
3			4		
		5		1	
2			6	5	1
	5	1		2	4

DATE		TIME	

Question 124

2		4			
3	5		2		4
	2			6	5
1		5			
5		1			2
		2	3	5	1

DATE TIME

125 Question

	2				
4		6	2	3	
5		1		2	
2	6	4		1	
	5			6	
6		2	3		1

DATE		TIME	

SUDOKU

초급

Question 126

		4	2		6
	5				4
5	4		6		3
		1			
4	1		5	6	
6		5	3		1

DATE | TIME

127 Question

		4		3	
	5		1	2	
2	6	3			5
	1		2		
		1		4	2
	4	2			1

DATE | TIME

Question 128

	6		2	3	
			1	4	
	2	4		6	1
5		6	4		
	4			5	2
	5	2	3		

DATE		TIME	

129 Question

					5
2		3	4		1
3	1			2	
6		5		4	3
		1	6		2
		2			

DATE		TIME	

Question 130

	1		2	4	
3		4		6	5
	4		5		6
	6			2	4
	3			5	
6		2	4		

DATE TIME

131 Question

	2				
3		4		2	
	4	3		6	1
2			5		4
	3	1		5	
	5		4	1	3

DATE | TIME

Question 132

1	3	6		4	
				1	
4	2			3	
3	6		5		4
		2		6	3
	1	3	4		

DATE		TIME	

133 Question

		4		6	
		6	2		4
1	3		5	4	
		5		1	
2	4	1			3
	5		4		

DATE | TIME

Question **134**

		5	2		
2		6		3	
	2	1	5		4
5			3	1	
4	1			5	3
6		3	4		

DATE		TIME	

135 Question

		4			
	5	6	1		4
4		5		6	3
	3				1
	4	1		3	5
	6		4	1	

DATE		TIME	

Question 136

			4		3
3			2	1	5
4		3		5	6
1		5	3	2	
	1			3	
		2	5		

DATE TIME

137 Question

					5
5	4		1		3
1		3	2		6
	6	4		5	
	3			1	
	1	2	5		4

DATE　　　　TIME

Question 138

	3			5	6
	5	6		4	3
2		4			5
3		5	4	1	
	2			6	4
		3	5		

DATE TIME

139 Question

	3		2	5	
2		6		3	
	2		4	6	1
4	6	1		2	
	1				3
		3	5		2

DATE | TIME

SUDOKU

초급

Question 140

1	5				
	4		1	3	5
3		2		5	
5	6		3		2
		5		2	1
4					3

DATE TIME

SUDOKU
초급

141 Question

	2		4	3	6
			1	2	5
	4			5	
5	6	3			4
			3		
	1	4		6	

DATE		TIME	

SUDOKU
초급

Question 142

		4			
	5		1		4
	1		4	6	2
6		2	3		
	2	1		4	3
		3	5	2	

DATE		TIME	

143 Question

	4		3		
3		6		1	
	2		1		3
1		3	4		5
	1	4		3	2
	3		6		

DATE		TIME	

Question 144

				5	
4	5		1		3
	1		2		5
2		5		6	1
	6		5	3	4
5	3		6		

DATE | TIME

145 Question

			2		6
	6			4	3
		5	3	6	2
3			4	1	
	4	3			1
2		1	6		

DATE		TIME	

Question **146**

		4			6
	5		1		4
2	6	5		3	
	1		2		5
		1		4	
5	4	2	6		

DATE		TIME	

147 Question

		5	2		
2		6		3	
	1			6	4
5	6		3		2
	2			5	3
4		3	6		1

DATE		TIME	

Question 148

	2	6			
5		1		2	
2			4	6	1
6		4		3	5
1			5		3
	5		6		

DATE | TIME

149 Question

	4	3			2
5		6			4
	1			4	
3			5	2	1
6	3	2		1	
		1			3

DATE		TIME	

Question 150

2	1	3			
4			2	1	3
3	2	1			5
		4		3	
	3		5	6	4
	4	5		2	

DATE TIME

151 Question

	1		4	5	6
	5		3	1	
		1			5
5		4		2	3
	2			6	
	4	5	2		1

DATE | TIME

정 답

1

3	1	2	5	4	6
4	6	5	1	2	3
1	2	3	4	6	5
5	4	6	3	1	2
2	3	1	6	5	4
6	5	4	2	3	1

2

1	2	4	5	3	6
3	5	6	2	1	4
4	1	2	6	5	3
5	6	3	1	4	2
6	3	1	4	2	5
2	4	5	3	6	1

3

2	3	1	4	5	6
5	4	6	2	1	3
1	2	3	5	6	4
4	6	5	1	3	2
3	1	2	6	4	5
6	5	4	3	2	1

4

3	1	2	4	5	6
4	5	6	2	1	3
2	3	5	1	6	4
6	4	1	3	2	5
1	6	3	5	4	2
5	2	4	6	3	1

5

4	5	2	1	3	6
1	6	3	4	2	5
2	3	1	5	6	4
5	4	6	2	1	3
3	2	4	6	5	1
6	1	5	3	4	2

6

5	1	2	3	4	6
3	4	6	5	1	2
2	3	1	4	6	5
4	6	5	1	2	3
1	2	3	6	5	4
6	5	4	2	3	1

7

6	4	2	1	3	5
3	1	5	6	4	2
2	6	1	3	5	4
5	3	4	2	1	6
1	5	6	4	2	3
4	2	3	5	6	1

8

2	1	6	3	5	4
5	4	3	1	2	6
1	2	4	6	3	5
6	3	5	4	1	2
4	5	1	2	6	3
3	6	2	5	4	1

9

1	2	4	3	5	6
3	5	6	2	1	4
4	1	3	6	2	5
5	6	2	1	4	3
2	3	5	4	6	1
6	4	1	5	3	2

10

5	3	1	2	4	6
2	4	6	5	1	3
1	2	4	3	6	5
6	5	3	1	2	4
4	1	5	6	3	2
3	6	2	4	5	1

11

1	4	3	2	5	6
2	5	6	3	1	4
3	1	2	6	4	5
5	6	4	1	3	2
6	3	5	4	2	1
4	2	1	5	6	3

12

4	5	2	3	1	6
6	3	1	2	5	4
2	1	3	6	4	5
5	4	6	1	2	3
1	6	5	4	3	2
3	2	4	5	6	1

정답
SUDOKU

13

4	6	2	1	3	5
3	1	5	2	4	6
2	4	1	6	5	3
6	5	3	4	2	1
1	3	4	5	6	2
5	2	6	3	1	4

14

3	5	2	1	6	4
1	4	6	3	2	5
4	1	3	2	5	6
2	6	5	4	1	3
5	3	1	6	4	2
6	2	4	5	3	1

15

4	1	3	2	5	6
2	5	6	1	3	4
5	3	1	4	6	2
6	2	4	5	1	3
1	6	2	3	4	5
3	4	5	6	2	1

16

5	1	2	3	4	6
3	4	6	1	5	2
4	3	1	2	6	5
2	6	5	4	1	3
1	5	3	6	2	4
6	2	4	5	3	1

17

5	1	2	3	4	6
4	3	6	1	5	2
1	4	5	2	6	3
2	6	3	4	1	5
3	5	1	6	2	4
6	2	4	5	3	1

18

6	1	2	5	3	4
4	5	3	1	2	6
5	2	4	3	6	1
1	3	6	2	4	5
2	4	1	6	5	3
3	6	5	4	1	2

19

1	2	4	3	5	6
3	5	6	2	1	4
2	3	1	6	4	5
6	4	5	1	2	3
4	1	3	5	6	2
5	6	2	4	3	1

20

1	2	4	6	3	5
3	5	6	1	2	4
2	3	1	5	4	6
4	6	5	2	1	3
6	4	2	3	5	1
5	1	3	4	6	2

21

2	1	3	4	5	6
5	4	6	2	3	1
3	2	4	1	6	5
6	5	1	3	2	4
4	6	2	5	1	3
1	3	5	6	4	2

22

4	1	2	5	3	6
3	5	6	1	2	4
2	3	1	4	6	5
5	6	4	2	1	3
1	4	3	6	5	2
6	2	5	3	4	1

23

1	5	2	4	3	6
4	6	3	1	2	5
3	1	6	5	4	2
5	2	4	3	6	1
2	3	1	6	5	4
6	4	5	2	1	3

24

1	3	2	4	5	6
5	4	6	1	3	2
4	1	3	2	6	5
2	6	5	3	1	4
3	5	4	6	2	1
6	2	1	5	4	3

25

2	1	5	4	3	6
3	4	6	5	2	1
5	2	1	3	6	4
4	6	3	2	1	5
1	3	4	6	5	2
6	5	2	1	4	3

26

3	1	2	4	5	6
5	4	6	1	2	3
4	3	1	2	6	5
2	6	5	3	1	4
1	5	4	6	3	2
6	2	3	5	4	1

27

4	1	2	3	5	6
5	3	6	1	2	4
3	5	1	6	4	2
2	6	4	5	1	3
1	2	3	4	6	5
6	4	5	2	3	1

28

5	1	2	3	6	4
3	4	6	1	2	5
4	6	1	2	5	3
2	3	5	4	1	6
1	5	3	6	4	2
6	2	4	5	3	1

29

6	1	3	4	2	5
2	4	5	6	1	3
4	5	1	2	3	6
3	2	6	1	5	4
1	3	4	5	6	2
5	6	2	3	4	1

30

1	2	3	6	5	4
4	5	6	1	2	3
2	4	5	3	1	6
3	6	1	5	4	2
5	3	4	2	6	1
6	1	2	4	3	5

31

2	5	1	3	4	6
4	6	3	1	2	5
1	4	2	5	6	3
6	3	5	2	1	4
3	1	4	6	5	2
5	2	6	4	3	1

32

3	2	1	4	5	6
4	5	6	2	1	3
5	3	2	1	6	4
1	6	4	3	2	5
2	4	5	6	3	1
6	1	3	5	4	2

33

4	2	1	3	6	5
5	3	6	2	4	1
3	4	2	5	1	6
1	6	5	4	2	3
2	1	3	6	5	4
6	5	4	1	3	2

34

5	2	1	3	4	6
4	3	6	1	5	2
1	4	2	5	6	3
3	6	5	4	2	1
2	1	4	6	3	5
6	5	3	2	1	4

35

6	2	1	3	4	5
3	4	5	2	1	6
4	5	2	1	6	3
1	3	6	4	5	2
2	6	4	5	3	1
5	1	3	6	2	4

36

1	3	2	6	4	5
4	5	6	1	2	3
5	4	3	2	1	6
2	6	1	5	3	4
6	1	4	3	5	2
3	2	5	4	6	1

정답 SUDOKU

37

2	3	1	5	6	4
4	5	6	2	1	3
5	2	3	1	4	6
1	6	4	3	2	5
3	4	2	6	5	1
6	1	5	4	3	2

38

3	1	2	4	5	6
5	4	6	1	2	3
1	2	3	5	6	4
4	6	5	3	1	2
2	3	1	6	4	5
6	5	4	2	3	1

4	3	1	5	2	6
5	2	6	3	4	1
2	4	3	6	1	5
1	6	5	4	3	2
6	1	4	2	5	3
3	5	2	1	6	4

40

5	3	1	2	4	6
4	2	6	1	5	3
1	5	3	6	2	4
2	6	4	3	1	5
3	1	5	4	6	2
6	4	2	5	3	1

6	3	1	2	4	5
2	4	5	3	1	6
4	5	3	1	6	2
1	2	6	4	5	3
3	6	4	5	2	1
5	1	2	6	3	4

42

1	4	5	2	3	6
6	2	3	1	5	4
3	1	4	6	2	5
5	6	2	3	4	1
2	5	1	4	6	3
4	3	6	5	1	2

43

2	4	1	3	6	5
5	3	6	1	2	4
3	2	4	5	1	6
1	6	5	2	4	3
4	5	2	6	3	1
6	1	3	4	5	2

44

3	4	1	2	5	6
5	6	2	3	4	1
2	3	4	6	1	5
6	1	5	4	2	3
1	2	3	5	6	4
4	5	6	1	3	2

45

4	1	2	3	5	6
3	6	5	1	4	2
2	5	6	4	3	1
1	4	3	2	6	5
5	3	1	6	2	4
6	2	4	5	1	3

46

5	1	2	3	4	6
3	4	6	5	2	1
6	2	3	4	1	5
4	5	1	2	6	3
1	3	4	6	5	2
2	6	5	1	3	4

47

6	1	2	3	4	5
3	4	5	1	6	2
1	2	3	4	5	6
4	5	6	2	1	3
2	6	1	5	3	4
5	3	4	6	2	1

48

1	2	6	3	4	5
4	3	5	1	6	2
6	4	2	5	1	3
5	1	3	6	2	4
2	5	1	4	3	6
3	6	4	2	5	1

49

2	1	3	4	5	6
4	5	6	2	1	3
3	4	2	5	6	1
5	6	1	3	2	4
1	2	4	6	3	5
6	3	5	1	4	2

50

3	2	1	4	5	6
4	6	5	1	2	3
1	3	2	5	6	4
5	4	6	3	1	2
2	1	4	6	3	5
6	5	3	2	4	1

51

4	1	2	3	5	6
3	5	6	4	2	1
6	2	3	5	1	4
5	4	1	2	6	3
1	3	5	6	4	2
2	6	4	1	3	5

52

5	1	3	2	4	6
2	4	6	1	3	5
6	2	1	4	5	3
4	3	5	6	2	1
1	5	4	3	6	2
3	6	2	5	1	4

53

6	4	1	3	2	5
2	5	3	1	4	6
5	1	6	4	3	2
4	3	2	5	6	1
1	2	4	6	5	3
3	6	5	2	1	4

54

2	3	4	5	1	6
1	5	6	2	3	4
3	1	5	4	6	2
4	6	2	1	5	3
5	4	3	6	2	1
6	2	1	3	4	5

55

3	4	5	2	1	6
2	1	6	4	3	5
1	5	2	3	6	4
4	6	3	1	5	2
5	2	1	6	4	3
6	3	4	5	2	1

56

1	5	2	3	4	6
3	4	6	2	1	5
4	1	3	6	5	2
2	6	5	1	3	4
5	2	1	4	6	3
6	3	4	5	2	1

57

2	1	3	4	5	6
4	6	5	2	1	3
1	2	4	6	3	5
3	5	6	1	2	4
6	3	1	5	4	2
5	4	2	3	6	1

58

2	4	6	3	1	5
5	1	3	4	2	6
6	2	4	1	5	3
3	5	1	6	4	2
1	3	2	5	6	4
4	6	5	2	3	1

59

4	5	3	2	1	6
6	2	1	4	3	5
2	3	5	1	6	4
1	6	4	3	5	2
5	1	2	6	4	3
3	4	6	5	2	1

60

2	3	5	4	1	6
1	4	6	3	2	5
5	1	2	6	3	4
3	6	4	1	5	2
4	2	1	5	6	3
6	5	3	2	4	1

61

4	1	3	2	5	6
2	5	6	3	1	4
1	2	5	4	6	3
3	6	4	1	2	5
5	3	1	6	4	2
6	4	2	5	3	1

62

2	1	5	3	4	6
3	4	6	2	5	1
1	5	2	4	6	3
4	6	3	1	2	5
5	2	1	6	3	4
6	3	4	5	1	2

63

2	1	5	6	4	3
4	3	6	2	1	5
1	2	3	4	5	6
5	6	4	1	3	2
6	5	1	3	2	4
3	4	2	5	6	1

64

1	3	4	5	2	6
2	5	6	1	3	4
4	1	3	2	6	5
5	6	2	4	1	3
6	2	5	3	4	1
3	4	1	6	5	2

65

2	5	1	4	3	6
3	4	6	1	2	5
5	1	2	3	6	4
4	6	3	2	5	1
1	2	5	6	4	3
6	3	4	5	1	2

66

1	3	4	5	2	6
2	6	5	1	4	3
5	2	1	3	6	4
3	4	6	2	1	5
4	1	3	6	5	2
6	5	2	4	3	1

67

4	3	2	6	1	5
1	5	6	4	3	2
6	2	5	3	4	1
3	1	4	2	5	6
5	6	3	1	2	4
2	4	1	5	6	3

68

1	3	2	4	5	6
4	6	5	1	2	3
5	2	6	3	1	4
3	4	1	2	6	5
2	5	3	6	4	1
6	1	4	5	3	2

69

2	4	3	5	1	6
1	5	6	4	3	2
6	2	1	3	4	5
4	3	5	2	6	1
3	1	2	6	5	4
5	6	4	1	2	3

70

2	1	3	5	4	6
5	6	4	1	3	2
1	3	6	4	2	5
4	5	2	3	6	1
3	2	1	6	5	4
6	4	5	2	1	3

71

1	2	6	5	3	4
3	5	4	2	1	6
2	1	3	4	6	5
4	6	5	3	2	1
5	3	1	6	4	2
6	4	2	1	5	3

72

1	3	5	4	2	6
2	4	6	1	3	5
3	1	2	5	6	4
5	6	4	3	1	2
4	2	3	6	5	1
6	5	1	2	4	3

73

1	2	3	6	4	5
6	4	5	1	2	3
4	3	1	2	5	6
2	5	6	3	1	4
3	1	4	5	6	2
5	6	2	4	3	1

74

1	2	4	5	3	6
3	6	5	1	2	4
5	4	3	2	6	1
2	1	6	3	4	5
6	5	2	4	1	3
4	3	1	6	5	2

75

4	2	1	6	3	5
5	3	6	1	2	4
6	4	3	2	5	1
2	1	5	3	4	6
1	5	2	4	6	3
3	6	4	5	1	2

76

2	3	1	4	5	6
4	5	6	2	1	3
3	4	5	6	2	1
1	6	2	3	4	5
5	2	3	1	6	4
6	1	4	5	3	2

77

4	1	2	6	3	5
5	3	6	4	1	2
6	5	3	2	4	1
2	4	1	3	5	6
3	2	5	1	6	4
1	6	4	5	2	3

78

2	1	4	5	3	6
5	3	6	2	1	4
1	6	2	3	4	5
3	4	5	6	2	1
4	5	3	1	6	2
6	2	1	4	5	3

79

2	1	4	5	6	3
6	5	3	2	1	4
3	6	1	4	2	5
4	2	5	6	3	1
5	3	2	1	4	6
1	4	6	3	5	2

80

2	4	1	3	5	6
3	5	6	2	1	4
1	2	4	6	3	5
5	6	3	4	2	1
4	3	5	1	6	2
6	1	2	5	4	3

81

2	5	1	3	4	6
3	6	4	5	1	2
1	2	3	4	6	5
6	4	5	2	3	1
5	3	6	1	2	4
4	1	2	6	5	3

82

3	1	2	5	4	6
4	5	6	1	2	3
5	2	3	4	6	1
1	6	4	3	5	2
6	3	5	2	1	4
2	4	1	6	3	5

83

1	2	4	3	5	6
3	5	6	1	2	4
5	4	3	6	1	2
2	6	1	4	3	5
4	1	5	2	6	3
6	3	2	5	4	1

84

2	4	3	5	6	1
5	1	6	4	2	3
1	5	2	6	3	4
3	6	4	1	5	2
6	3	1	2	4	5
4	2	5	3	1	6

85

1	2	3	4	5	6
6	5	4	3	1	2
5	3	2	1	6	4
4	1	6	5	2	3
3	6	1	2	4	5
2	4	5	6	3	1

86

1	2	3	4	5	6
4	5	6	1	2	3
3	4	1	5	6	2
5	6	2	3	1	4
6	1	4	2	3	5
2	3	5	6	4	1

87

1	2	4	3	6	5
3	6	5	1	2	4
2	4	1	5	3	6
6	5	3	4	1	2
4	1	6	2	5	3
5	3	2	6	4	1

88

2	1	3	4	5	6
4	5	6	2	1	3
3	6	2	1	4	5
1	4	5	6	3	2
5	2	1	3	6	4
6	3	4	5	2	1

89

1	2	6	4	3	5
4	3	5	1	2	6
6	5	1	2	4	3
2	4	3	5	6	1
5	6	2	3	1	4
3	1	4	6	5	2

90

1	3	4	2	5	6
2	5	6	1	4	3
5	4	2	6	3	1
3	6	1	4	2	5
4	1	5	3	6	2
6	2	3	5	1	4

91

1	3	2	6	4	5
5	4	6	1	3	2
2	5	1	4	6	3
4	6	3	2	5	1
6	1	5	3	2	4
3	2	4	5	1	6

92

1	3	2	4	5	6
4	5	6	1	2	3
6	4	1	5	3	2
5	2	3	6	1	4
2	1	4	3	6	5
3	6	5	2	4	1

93

1	3	5	2	4	6
4	2	6	1	3	5
2	1	4	6	5	3
6	5	3	4	1	2
5	4	2	3	6	1
3	6	1	5	2	4

94

2	1	3	5	4	6
4	5	6	2	1	3
3	4	2	6	5	1
1	6	5	3	2	4
5	3	1	4	6	2
6	2	4	1	3	5

95

1	2	3	6	4	5
4	5	6	1	3	2
5	3	1	2	6	4
2	6	4	5	1	3
3	1	5	4	2	6
6	4	2	3	5	1

96

1	3	2	5	4	6
4	5	6	1	2	3
2	4	1	3	6	5
3	6	5	2	1	4
6	1	3	4	5	2
5	2	4	6	3	1

97

1	2	3	5	6	4
6	5	4	1	2	3
2	6	1	3	4	5
4	3	5	2	1	6
3	1	6	4	5	2
5	4	2	6	3	1

98

1	3	5	2	4	6
2	4	6	1	3	5
3	6	1	5	2	4
5	2	4	3	6	1
6	1	2	4	5	3
4	5	3	6	1	2

99

1	3	6	2	4	5
2	5	4	3	1	6
3	1	2	5	6	4
6	4	5	1	2	3
5	6	1	4	3	2
4	2	3	6	5	1

100

2	1	4	3	5	6
3	5	6	1	2	4
4	3	5	2	6	1
1	6	2	4	3	5
6	2	1	5	4	3
5	4	3	6	1	2

101

4	2	3	1	5	6
1	5	6	3	2	4
3	6	5	2	4	1
2	1	4	6	3	5
6	4	2	5	1	3
5	3	1	4	6	2

102

1	3	2	4	5	6
4	5	6	1	2	3
2	4	5	3	6	1
3	6	1	2	4	5
6	1	4	5	3	2
5	2	3	6	1	4

103

1	3	4	2	5	6
2	5	6	3	1	4
5	2	1	4	6	3
4	6	3	1	2	5
6	4	2	5	3	1
3	1	5	6	4	2

104

1	2	4	3	5	6
3	5	6	1	2	4
2	4	1	6	3	5
5	6	3	2	4	1
4	1	2	5	6	3
6	3	5	4	1	2

105

1	3	2	4	5	6
4	5	6	2	1	3
2	1	3	6	4	5
6	4	5	1	3	2
3	2	1	5	6	4
5	6	4	3	2	1

106

2	1	4	3	5	6
3	5	6	2	1	4
4	2	5	1	6	3
1	6	3	4	2	5
5	3	1	6	4	2
6	4	2	5	3	1

107

1	2	4	3	5	6
3	5	6	2	1	4
4	3	5	1	6	2
2	6	1	4	3	5
5	1	2	6	4	3
6	4	3	5	2	1

108

1	3	4	2	5	6
2	5	6	3	1	4
4	2	5	1	6	3
3	6	1	4	2	5
5	1	3	6	4	2
6	4	2	5	3	1

정답 SUDOKU

109

1	6	4	3	2	5
2	5	3	1	4	6
5	1	2	4	6	3
4	3	6	2	5	1
3	2	5	6	1	4
6	4	1	5	3	2

110

1	3	5	2	4	6
2	4	6	1	3	5
3	1	2	5	6	4
5	6	4	3	1	2
4	2	1	6	5	3
6	5	3	4	2	1

111

1	2	4	3	5	6
3	6	5	2	1	4
2	4	1	5	6	3
6	5	3	1	4	2
4	1	2	6	3	5
5	3	6	4	2	1

112

2	3	4	5	1	6
1	6	5	2	3	4
4	2	1	3	6	5
3	5	6	4	2	1
5	1	2	6	4	3
6	4	3	1	5	2

113

1	5	4	2	3	6
2	3	6	4	1	5
5	4	2	3	6	1
6	1	3	5	2	4
4	2	1	6	5	3
3	6	5	1	4	2

114

2	5	4	3	1	6
3	1	6	4	2	5
6	4	5	2	3	1
1	2	3	5	6	4
4	3	1	6	5	2
5	6	2	1	4	3

115

3	1	2	4	6	5
6	5	4	2	1	3
4	3	1	5	2	6
2	6	5	3	4	1
1	2	3	6	5	4
5	4	6	1	3	2

116

2	3	4	6	1	5
1	5	6	3	2	4
5	4	1	2	3	6
3	6	2	5	4	1
6	1	3	4	5	2
4	2	5	1	6	3

117

2	1	3	4	5	6
6	5	4	3	1	2
5	3	1	2	6	4
4	2	6	5	3	1
1	4	5	6	2	3
3	6	2	1	4	5

118

2	1	3	5	4	6
6	5	4	2	1	3
3	4	1	6	2	5
5	2	6	4	3	1
1	6	2	3	5	4
4	3	5	1	6	2

119

2	3	1	5	4	6
4	5	6	2	1	3
1	2	3	4	6	5
6	4	5	3	2	1
3	1	2	6	5	4
5	6	4	1	3	2

120

3	1	4	5	6	2
5	2	6	3	4	1
6	4	5	1	2	3
1	3	2	6	5	4
2	5	1	4	3	6
4	6	3	2	1	5

정답 SUDOKU

121

1	3	4	6	5	2
6	5	2	3	1	4
5	4	3	1	2	6
2	1	6	5	4	3
3	2	1	4	6	5
4	6	5	2	3	1

122

1	2	3	5	4	6
4	5	6	1	2	3
2	6	4	3	1	5
3	1	5	4	6	2
5	4	2	6	3	1
6	3	1	2	5	4

123

1	2	3	5	4	6
5	4	6	1	3	2
3	1	2	4	6	5
4	6	5	2	1	3
2	3	4	6	5	1
6	5	1	3	2	4

124

2	1	4	5	3	6
3	5	6	2	1	4
4	2	3	1	6	5
1	6	5	4	2	3
5	3	1	6	4	2
6	4	2	3	5	1

125

3	2	5	1	4	6
4	1	6	2	3	5
5	3	1	6	2	4
2	6	4	5	1	3
1	5	3	4	6	2
6	4	2	3	5	1

126

1	3	4	2	5	6
2	5	6	1	3	4
5	4	2	6	1	3
3	6	1	4	2	5
4	1	3	5	6	2
6	2	5	3	4	1

127

1	2	4	5	3	6
3	5	6	1	2	4
2	6	3	4	1	5
4	1	5	2	6	3
5	3	1	6	4	2
6	4	2	3	5	1

128

4	6	1	2	3	5
2	3	5	1	4	6
3	2	4	5	6	1
5	1	6	4	2	3
1	4	3	6	5	2
6	5	2	3	1	4

129

1	4	6	2	3	5
2	5	3	4	6	1
3	1	4	5	2	6
6	2	5	1	4	3
4	3	1	6	5	2
5	6	2	3	1	4

130

5	1	6	2	4	3
3	2	4	1	6	5
2	4	3	5	1	6
1	6	5	3	2	4
4	3	1	6	5	2
6	5	2	4	3	1

131

1	2	5	3	4	6
3	6	4	1	2	5
5	4	3	2	6	1
2	1	6	5	3	4
4	3	1	6	5	2
6	5	2	4	1	3

132

1	3	6	2	4	5
2	5	4	3	1	6
4	2	5	6	3	1
3	6	1	5	2	4
5	4	2	1	6	3
6	1	3	4	5	2

정답 SUDOKU

133

3	2	4	1	6	5
5	1	6	2	3	4
1	3	2	5	4	6
4	6	5	3	1	2
2	4	1	6	5	3
6	5	3	4	2	1

134

1	3	5	2	4	6
2	4	6	1	3	5
3	2	1	5	6	4
5	6	4	3	1	2
4	1	2	6	5	3
6	5	3	4	2	1

135

1	2	4	3	5	6
3	5	6	1	2	4
4	1	5	2	6	3
6	3	2	5	4	1
2	4	1	6	3	5
5	6	3	4	1	2

136

2	5	1	4	6	3
3	4	6	2	1	5
4	2	3	1	5	6
1	6	5	3	2	4
5	1	4	6	3	2
6	3	2	5	4	1

137

3	2	1	4	6	5
5	4	6	1	2	3
1	5	3	2	4	6
2	6	4	3	5	1
4	3	5	6	1	2
6	1	2	5	3	4

138

4	3	2	1	5	6
1	5	6	2	4	3
2	1	4	6	3	5
3	6	5	4	1	2
5	2	1	3	6	4
6	4	3	5	2	1

139

1	3	4	2	5	6
2	5	6	1	3	4
3	2	5	4	6	1
4	6	1	3	2	5
5	1	2	6	4	3
6	4	3	5	1	2

140

1	5	3	2	4	6
2	4	6	1	3	5
3	1	2	6	5	4
5	6	4	3	1	2
6	3	5	4	2	1
4	2	1	5	6	3

141

1	2	5	4	3	6
4	3	6	1	2	5
2	4	1	6	5	3
5	6	3	2	1	4
6	5	2	3	4	1
3	1	4	5	6	2

142

1	3	4	2	5	6
2	5	6	1	3	4
3	1	5	4	6	2
6	4	2	3	1	5
5	2	1	6	4	3
4	6	3	5	2	1

143

2	4	1	3	5	6
3	5	6	2	1	4
4	2	5	1	6	3
1	6	3	4	2	5
6	1	4	5	3	2
5	3	2	6	4	1

144

3	2	1	4	5	6
4	5	6	1	2	3
6	1	3	2	4	5
2	4	5	3	6	1
1	6	2	5	3	4
5	3	4	6	1	2

정답

SUDOKU

145

1	3	4	2	5	6
5	6	2	1	4	3
4	1	5	3	6	2
3	2	6	4	1	5
6	4	3	5	2	1
2	5	1	6	3	4

146

1	2	4	3	5	6
3	5	6	1	2	4
2	6	5	4	3	1
4	1	3	2	6	5
6	3	1	5	4	2
5	4	2	6	1	3

147

1	3	5	2	4	6
2	4	6	1	3	5
3	1	2	5	6	4
5	6	4	3	1	2
6	2	1	4	5	3
4	5	3	6	2	1

148

3	2	6	1	5	4
5	4	1	3	2	6
2	3	5	4	6	1
6	1	4	2	3	5
1	6	2	5	4	3
4	5	3	6	1	2

149

1	4	3	6	5	2
5	2	6	1	3	4
2	1	5	3	4	6
3	6	4	5	2	1
6	3	2	4	1	5
4	5	1	2	6	3

150

2	1	3	4	5	6
4	5	6	2	1	3
3	2	1	6	4	5
5	6	4	1	3	2
1	3	2	5	6	4
6	4	5	3	2	1

151

3	1	2	4	5	6
4	5	6	3	1	2
2	3	1	6	4	5
5	6	4	1	2	3
1	2	3	5	6	4
6	4	5	2	3	1

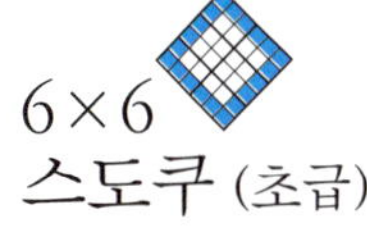

스도쿠 (초급)

2018년 2월 12일 초판 1쇄 발행
2022년 7월 8일 초판 4쇄 발행

펴낸이 마복남 | **펴낸곳** 버들미디어 | **등록** 제 10-1422호
주소 서울시 은평구 신사동 18-16
전화 (02)338-6165 | **팩스** (02)352-5707
E-mail : bba666@naver.com

ISBN 978-89-6418-049-5 14690
978-89-6418-048-8 (세트)

※책값은 표지 뒷면에 표시되어 있습니다.